ALEXANDER SKRJABIN

12 ÉTUDES

für Klavier / for Piano

Opus 8

Herausgegeben von / Edited by

Günter Phillip

ALLE RECHTE VORBEHALTEN · ALL RIGHTS RESERVED

EDITION PETERS

LEIPZIG · LONDON · NEW YORK

Vorwort

Die *12 Études* Op. 8 von Alexander Nikolajewitsch Skrjabin (1872–1915) gehören zum Frühwerk des Komponisten, das unter dem Einfluss Chopins stand. Doch sind sie durchaus eigenartig und als die gehaltvollsten russischen Etüden den Chopinschen Meisterwerken dieser Gattung an Wert gleichzustellen. An Schwierigkeiten übertreffen sie diese teilweise – Schwierigkeiten, von denen der Hörer oft nichts ahnt, da sie von besonderer Art sind. Die spieltechnischen Probleme werden bei Skrjabin mehr als bei Chopin den künstlerischen und musikalischen Absichten untergeordnet.

In vorliegender Ausgabe ist der Notentext identisch mit dem Text in Band I der vom gleichen Herausgeber betreuten Ausgewählten Klavierwerke Skrjabins (Edition Peters Nr. 9077a). Der Fingersatz und andere spieltechnische Hinweise stammen vom Herausgeber. Ersterer mag bei oberflächlicher Betrachtung hier und da befremden, hat sich aber praktisch bewährt und erklärt sich teils aus der erforderlichen Pedalanwendung (z. B. Nr. 8, Takt 41), teils aus dem nötigen blitzschnellen Gleiten und Springen von Arm und Hand bei größtmöglicher Lockerheit und Elastizität der Glieder (z. B. Nr. 4, Takt 10).

Beim Spieler muss außer einer nicht zu geringen Spannweite der Hände eine grundlegend erworbene Fingersatz-Automatik und das Wissen um die korrespondierende Abhängigkeit zwischen manuellem Spiel und Pedaleinsatz vorausgesetzt werden.

Auf letzteres gibt Skrjabin selbst in seiner Notierung zuweilen deutliche Hinweise, z. B. durch die Sechzehntelpause in Nr. 11, Takt 50. Sehr oft darf ein vorgeschriebenes Legato nicht mit den Fingern ausgeführt werden, wenn gleichzeitig (Binde-)Pedal angewendet wird, sonst gibt es hässliche Klangverschmierungen, oder funktional wichtige Bässe werden vom Pedal nicht erfasst. Andererseits müssen gewisse Töne manuell länger als notiert gehalten werden, um den Pedaleinsatz aus den eben erwähnten Gründen länger hinauszögern zu können. Diese Auffassung des Herausgebers wird durch Skrjabins eigenes Spiel eindeutig bestätigt. Anhand der Rollen von Einspielungen auf einem mechanischen Klavier lässt sich präzise feststellen, wann Pedal und Tasten niedergedrückt und *losgelassen* wurden. Man vergleiche: A. Skrjabin, Op. 32 Nr. 1, *Poem* für Klavier, Text der Ausführung durch den Komponisten nach einer Aufzeichnung auf „Welte-Mignon", Übertragung von P. Lobanow, Staatlicher Musikverlag Moskau 1960 (russ.).

Bezüglich des Fingersatzes bei Oktaven möge der Spieler selbst entscheiden, ob er 1-5, 1-4 oder gar 1-3 anwendet; im Fortissimo zieht der Herausgeber zuweilen vor, die Finger 3 und 4, 4 und 5 oder 3, 4 und 5, sich gegenseitig stützend, gleichzeitig zu nehmen.

Günter Philipp

Preface

Alexander Nikolayevich Skryabin's (1872–1915) *12 Études*, Op. 8, belong to his early works composed under the influence of Chopin. Yet they are by no means derivative and rank alongside Chopin's masterpieces as the most substantial Russian contributions to their genre. In some respects they transcend Chopin's études in sheer difficulty, although often the listener suspects nothing of their difficulties because of their special nature. Skryabin surpasses Chopin in subordinating the technical problems to his artistic and musical intentions.

The musical text of our edition is taken intact from the present editor's first volume of Skryabin's selected works for piano (Edition Peters No. 9077a). The fingering and other notes on execution have been provided by the editor. At a cursory glance, the fingering may seem puzzling at times, but it has proved its worth in performance and is justified partly by the requisite use the pedal (e.g. in bar 41 of No. 8), partly by the need to slide and leap rapidly with the arm and hand while keeping the limbs as loose and relaxed as possible (e.g. bar 10 in No. 4).

Besides a relatively wide span in the hands, players are expected to have acquired a basic sense of automatic fingering and a full command of the essential coordination of manual playing and pedal action. Skryabin himself sometimes provides clear indications of the latter, as witness the sixteenth-note rest in bar 50 of No. 11. Often a prescribed legato should not be played with the fingers when legato pedaling is employed at the same time, lest the sound become an ugly blur or the pedal fail to capture functional notes in the bass. Conversely, certain notes must be held with the fingers longer than notated in order to delay the use of the pedal, for the same reasons mentioned above. This view on the editor's part is fully corroborated by Skryabin's own playing. His recordings on player piano rolls allow us to determine precisely when the pedal and keys were pressed down and when they were released. Readers are invited to consult P. Lobanov's transcription of the composer's own performance of his *Poème*, op. 32, no. 1, for the Welte-Mignon company, published by the State Music Publishers, Moscow, in 1960 (in Russian).

With regard to the fingering of octaves, players may decide for themselves whether to use 1-5, 1-4, or even 1-3. The editor sometimes prefers, in *fortissimo* passages, to use 3-4, 4-5, or 3-4-5 simultaneously for mutual reinforcement.

Günter Philipp
(Translation: J. Bradford Robinson)

INHALT - TABLE - CONTENTS
12 ETUDES Op. 8

12 ETUDES
(1894)

Alexander Skrjabin
(1872-1915)
Op. 8 Nr. 1

*) Siehe Revisionsbericht | Voir Revisionsbericht | See Revisionsbericht

E. P. 12334

*) Bezeichnung nicht verbindlich (siehe Revisionsbericht) | Désignation non obligatoire (voir Revisionsbericht) | Designation not binding (see Revisionsbericht)

*) Herausgeber schlägt für kleinere Hände folgende Ausführung bei fast gleicher Wirkung vor:

L'éditeur propose pour de petites mains l'exécution suivante à l'effet presque identique:

Editor suggests for smaller hands the following performance with almost the same effects:

*) Bezeichnung nicht verbindlich (siehe Revisionsbericht) | Désignation non obligatoire (voir Revisionsbericht.) | Designation not binding (see Revisionsbericht)

*) Es bedarf nur einer geringen Streckung des Endgliedes des 2. Fingers, um auf das *cis* zu gelangen.

Seulement une faible élongation de la dernière phalange de l'index est nécessaire pour atteindre le *do dièse*.

It needs only a slight stretching of the terminal limb of the 2nd finger to touch *C sharp*.

E. P. 12334

*) Diese Stelle ist in der rechten Hand nicht genau ausführbar, man muß, nach Angabe des Komponisten, spielen:
On ne peut pas exactement exécuter cette partie de la main droite, il faut, d'après le compositeur, jouer:
This spot cannot be exactly performed by the right hand, the performer has – according to the composer's assertion – to play:

E. P. 12334

*) An dieser Stelle hielt der Komponist eine Zäsur für notwendig. | A cet endroit le compositeur estimait nécessaire de faire une césure. | At this place the composer considered it necessary to introduce a break.

REVISIONSBERICHT

Grundlage der vorliegenden Veröffentlichung ist die Ausgabe der Etüden Skrjabins, erschienen im Staatlichen Musikverlag, Moskau 1962. In Zweifelsfällen wurde auch die Erstausgabe, erschienen bei M. P. Belaieff, Leipzig 1895, herangezogen.

Unsere Ausgabe weist im Notenbild Zusätze in Klammern und in kleinerem Schriftgrad auf; diese entsprechen nicht dem Autograph (A) oder der Erstausgabe (B), sondern gehen laut genannter sowjetischer Ausgabe auf Angaben des Komponisten zurück, die nicht in gedruckter Form überliefert sind.

Die Etüden Op. 8 wurden vor ihrer ersten Veröffentlichung vom Komponisten mehrmaligen Änderungen unterworfen. Der nachfolgende Bericht enthält hiervon einige wesentliche, ferner die Abweichungen unserer Ausgabe von A und B.

Nr. 1   T. 47 u. 48 r. H. a' nach Angabe des Komponisten. A und B haben ais'.

T. 49 l. H. 3. Viertel letzte Note eis laut A. B und andere Ausgaben haben gis.

T. 50 l. H. 1. Viertel letzte Note cis' laut A. B und andere Ausgaben haben eis'.

Nr. 3   Die Bezeichnung *Tempestoso* befriedigte den Komponisten selbst nicht, er hielt sie nicht für völlig dem Charakter der Etüde entsprechend.

Nr. 4   T. 9 l. H. drittletzte Note in A und B ohne ♯, also fisis.

Nr. 5   Die ursprüngliche Tempobezeichnung *Allegro* wurde vom Komponisten in A gestrichen und durch *Brioso* ersetzt. Aber auch diese Bezeichnung befriedigte ihn nicht, er fand sie später nicht dem Charakter der Etüde entsprechend.

T. 22 l. H. 1. Viertel in A und B

T. 27 l. H. 3. Viertel entsprechend A und B, ist aber möglicherweise ein Schreibfehler und muß  lauten.

Nr. 6   T. 20 r. H. 2. obere Note in A und B ohne ♯, also d'''

T. 45 r. H. vorletzte untere Note in A und B ohne ♯, also d''

Nr. 7   T. 43 am Taktanfang steht in A *p*.

Nr. 9   T. 16 r. H. 1. Achtel entsprechend A und allen Ausgaben. Der Komponist ergänzte hier jedoch später noch ein h':

T. 42 und 92 r. H. 1. Achtel entsprechend A und allen Ausgaben. Der Komponist ergänzte hier jedoch später noch ein gis'

Nr. 10   T. 12 unter dem letzten Sechzehntel steht in A *Ped*.

Nr. 11   Die Tempobezeichnung fehlte in A ursprünglich, es stand dort nur *cantabile*. Nachträglich wurde von Skrjabins Hand *Andante* hinzugefügt.

T. 1 r. H. das letzte Viertel lautete ursprünglich: . Später wurde das 5. Sechzehntel (des'') weggestrichen.

T. 43–45 in A steht am Ende von T. 43 ein *dim.*; das sich über den ganzen nächsten Takt erstreckt und ins *pp* führt. Der bei uns in Klammern angegebene Verlauf wurde jedoch ebenfalls vom Komponisten für möglich gehalten.

T. 47 in A *pp*.

Nr. 12   T. 1 auf dem 1. Achtel in A *fp*.

T. 2 r. H. Fingersatz laut A.

T. 1, 2, 11 und 17 l. H. Fingersatz laut B.

T. 50 bis zum Schluß dynamische Angaben in Klammern laut A.